DIESES BUCH GEHÖRT

Verwunschene Orte und Geschöpfe laden in Geschichten und Erzählungen seit je zum Schaudern, aber auch zum Träumen ein.
In der griechischen Mythologie hören wir vom menschenfressenden Ungeheuer Minotaurus mit menschlichem Körper und dem Kopf eines Stiers. Zyklopen, Sirenen und Kentauren – Mischwesen aus Pferd und Mensch – erzürnten die Götter und brachten den Menschen nicht selten den Tod.
Trolle, Zwerge, Hexen und Teufel, Feen, Elfen, Einhörner und Kobolde waren nicht nur in alten Zeiten die Hauptakteure von Sagen, Märchen und Erzählungen, bis heute leben sie in ebenso fantasievollen Gewändern in Romanen, Videospielen und Fantasy-Filmen fort.

Dieses Malbuch für Erwachsene nimmt Sie mit auf eine Fantasiereise der besonderen Art. Anhand lieblicher, aber ebenso schauriger Wesen und Orte können Sie den Geheimnissen des Zauberwaldes nachspüren.

Das Ausmalen von Formen und Mustern wird oft Kindern zugedacht, um diese zu beschäftigen und zur Ruhe zu bringen. Tatsächlich können Erwachsene die kindliche Faszination des Ausmalens zum Vorbild für das eigene Entspannen nehmen: Die Konzentration auf das Wesentliche, das Sich-Verlieren und Abdriften in eine tiefere Gedankenwelt ist beim Ausmalen ein bedeutender Schritt, um geistige und körperliche Entspannung zu erfahren.

Bringen Sie mithilfe gut gespitzter Buntstifte und mit ein wenig Fantasie Farbe auf die noch weißen Flächen dieses Buches.
Sorgen Sie beim Ausmalen für Ruhe, legen Sie Ihr Handy beiseite, schalten Sie den Computer aus. Lassen Sie sich nicht ablenken von äußeren Reizen oder Geräuschen.
Konzentrieren Sie sich ganz und gar auf die vor Ihnen liegenden Formen und Konturen, auf Ihren Stift und die Bewegungen Ihrer Hand. Lassen Sie Ihre Gedanken zur Ruhe kommen, tauchen Sie ein in die Welt Ihres Motivs. Werden Sie eins mit den Mustern auf Ihrem Blatt, verlieren Sie sich in Formen und Farben.
Erfahren Sie, wie Sie durch das Ausmalen zur Ruhe kommen, wie der Kopf frei wird und Sie auf neue Art und Weise entspannen.

Gönnen Sie sich mit den 85 Motiven aus diesem Buch ganz bewusst diese farbige Auszeit und lassen auf Ihrem Papier Fabelwesen, Ungeheuer und Feen aufleben. Träumen Sie sich aus Ihrem Alltag heraus und hinein in den Zauberwald voller fantastischer Begegnungen.

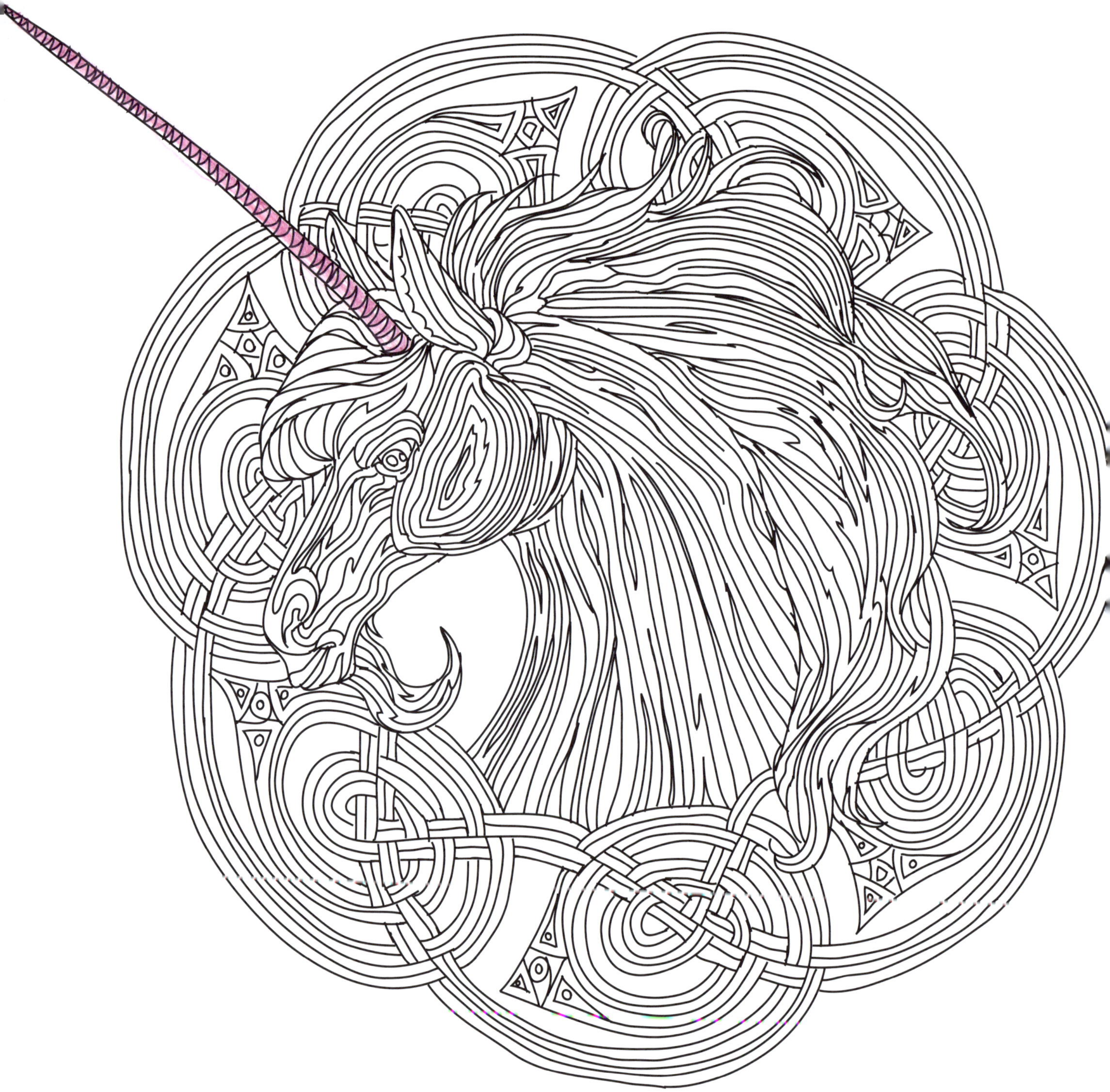

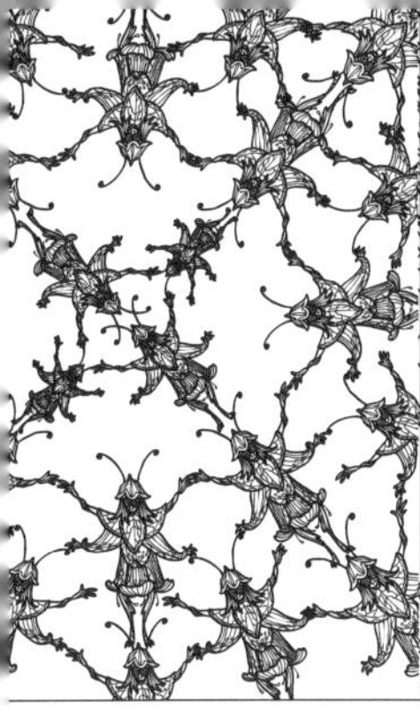

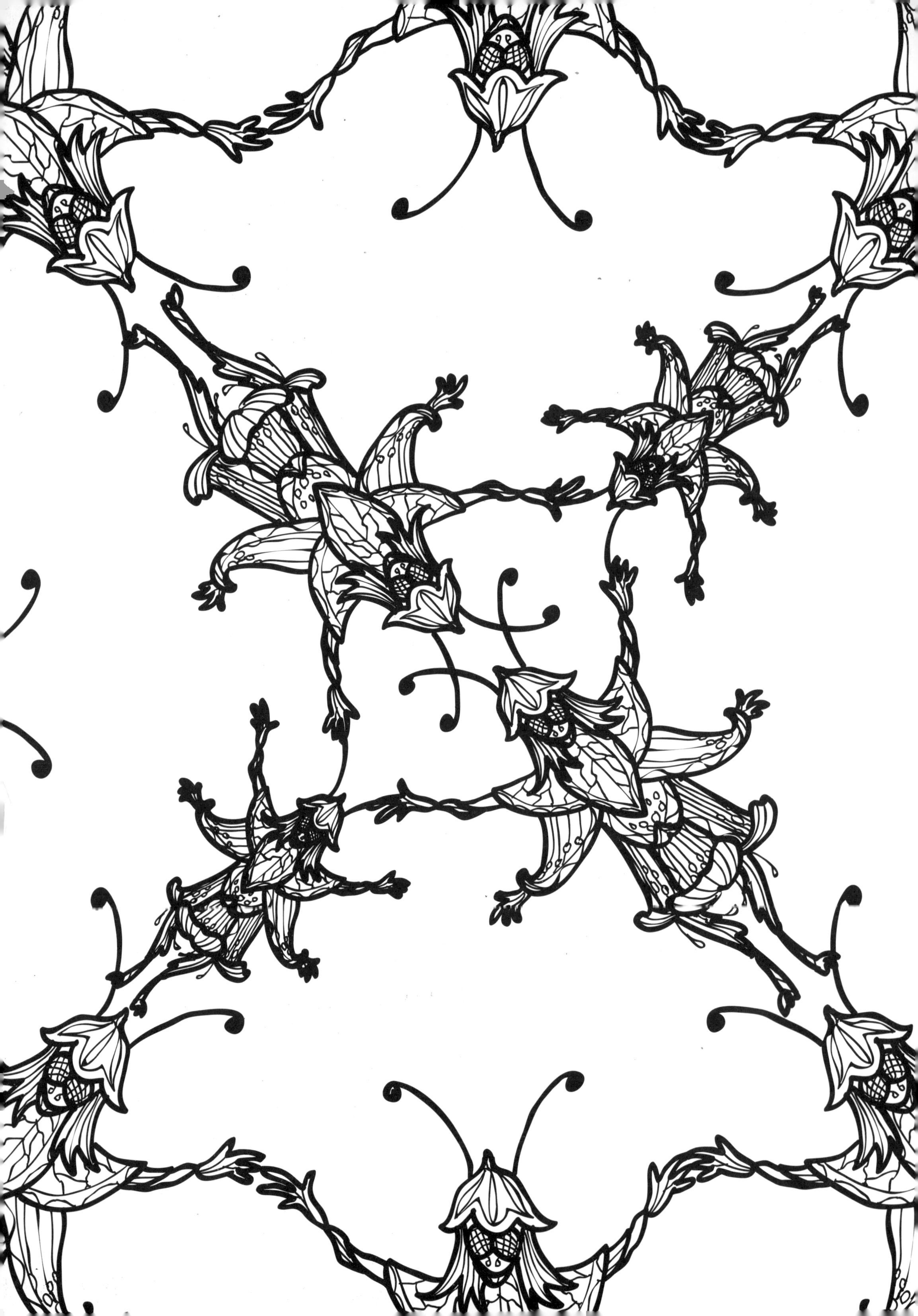